Suppen

von Klassik bis Kult

> Autor: Sebastian Dickhaut | Fotos: Kai Mewes

D1931827

Inhalt

Die Theorie

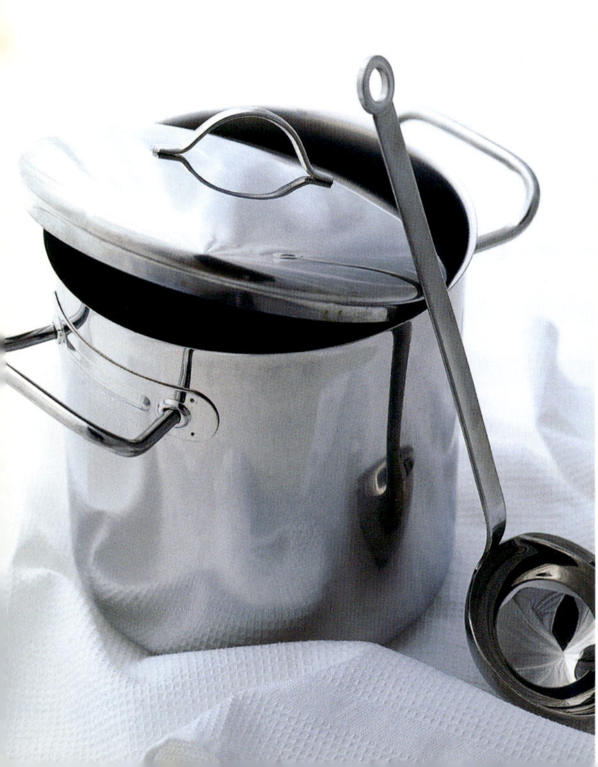

Die Rezepte

Extra

➤ **GU Serviceseiten**

Werden Sie suppenglücklich!

So eine richtig gute Suppe, die ist was fürs Leben – so anregend, so verbindend, so beglückend. Und so praktisch, weil bei ihr alles Gute in einem Topf steckt, aus dem jeden Tag etwas Neues herauskommt. Was mit dieser Sammlung ganz prima ohne fertige Fünf-Minuten-Lösungen klappt. Alle sind dabei: Weltklassiker, Trendsüppchen, Mutters zauberhafter Samstagstopf und die Mitternachtssuppe fürs nächste Fest. Und alle wollen nur das eine: Lieblingssuppen werden. Tun Sie ihnen doch den Gefallen.

Schnell eine gute Suppe?

Nur die Ruhe!

So eine richtig gute Suppe, die ist was fürs Leben. Und damit viel zu schade für fixe Fünf-Minuten-Lösungen. Weil das Schönste, was in einer Küche passieren kann, ist eigentlich das: Aus einer kräftigen Brühe, viel buntem Gemüse und einer Handvoll grüner Kräuter einen Topf voll toller Sommersuppe kochen. Oder Spargelsud, edlen Wein und geschlagene Sahne zur schaumigen Spargelcreme vereinen. Oder ein paar frische Meeresfrüchte, einige exotische Aromen und duftende Hühnerbrühe in einer chinesischen Suppenschale konzentrieren. Solche Suppen bringen in einem Topf alles zusammen, was es zum Essen und Leben braucht. Und das wird allemal geschätzt, weil's schmeckt und nützlich ist.

1 *Gerade wer Hühnersuppen liebt, sollte einen ausreichend großen Topf haben*

Von der Soup Bar ...

Geliebt werden Suppen aber dafür, dass sie Menschen zusammenbringen. Das war schon früher so, als auf dem Küchenherd ein blubbernder Kessel stundenlang die besten Reste in sich aufnahm, bis er am Ende von der ganzen Großfamilie auf einmal ausgelöffelt wurde. Und genau das ist es wohl heute noch, was die Großstadtleute mittags in schlichte Suppenküchen zur guten alten Kartoffelsuppe und in schicke Soup Bars zur Chinese Chicken Noodle Soup treibt – die Lust auf etwas Liebenswertes, das auch noch selbst gemacht ist.

... zum Suppenglück

Womit klar wäre: Das wahre Glück liegt auch bei der Suppe mal wieder im Privaten. Weil erst in der eigenen Küche kann aus einer simplen

2 *Basis für Lieblingssuppen: frisches Suppengrün*

Tomatencreme jener Zaubertrank werden, der stille Kräfte weckt und dicke Freunde verbindet, ganz ohne langes Blubbern. Und ab jetzt auch ohne Geheimnistuerei – weil's in diesem Buch steht, wie so was geht. Hier finden Sie Rezepte fürs Mittagessen aus einem Topf und für feine Teller zum Menü-Start, für Partyschlager mit allem drin, für pure Suppen in klarem Stil und für fix gemixte Trendsuppen aus aller Welt. Doch selbst für die braucht's ein bisschen mehr als fünf Minuten. Aber dafür machen sie auch richtig glücklich – und das mindestens ein ganzes Essen lang.

Die Klassiker

In der Suppenküche gibt es klare, „bunte" und gebundene Suppen, die sich noch mal in vier Gruppen teilen. Das Wichtigste zum Mitreden:

Klare Suppen

Sie bestehen wie guter Wein im Wesentlichen aus Wasser und Aroma. Und wie bei diesem gibt's da junge Spritzer – frischer Spargelsud etwa – und gereifte Granaten wie eine Essenz aus Rindfleisch. Die aus Knochen, Gemüse oder Fischabschnitten angesetzten Brühen und Fonds sind Basis fürs Suppenkochen, kommt aber von Anfang an Fleisch oder Fisch dazu, wird eine Kraftbrühe daraus. Die kann zur Essenz eingekocht oder nochmals mit Fleisch angesetzt werden, zu einer doppelten Kraftbrühe.

Bunte Suppen

Das sind erstens traditionelle Samstagmittag-Gemüsesuppen, aus denen zweitens Eintopf wird, wenn sie sich mit Nudeln, Kartoffeln, Reis, Brot usw. darin zum ganzen Essen erweitern.

Püreesuppen

1

Sie werden aus Gemüse und Flüssigkeit gekocht und püriert oder fein gestampft, was oft zur Bindung reicht – sonst helfen mitgekochtes Brot oder Kartoffeln. Achtung: Mixer beim Pürieren nur zur Hälfte mit warmer Suppe füllen, sonst schwappt es.

Rahmsuppen

2

Sahniges macht sie beim Einkochen cremig und hebt das Aroma, das aber erst Substanz hat, wenn mindestens genauso viel Fond dabei ist. Wein, Gewürze oder püriertes Gemüse geben dem Geschmack die Richtung. Schmeckt schaumig gemixt edler.

Samtsuppen

3

Werden klassisch mit Mehl gebunden:Für 1 Liter 2 EL Butter zerlassen, 2 EL Mehl darin goldgelb schwitzen. Vom Herd ziehen, heiße Flüssigkeit unter Rühren zugießen. Aufkochen. Nach 10 Min. Kochen verschwindet der Mehlgeschmack.

Legierte Suppen

4

Klassisch wird Samtsuppe zum Schluss „legiert". Dazu je Liter 4 Eigelbe mit 1 Tasse Sahne verrühren. Heiße Suppe vom Herd ziehen, einen Schöpfer voll in die Legierung rühren. Diese unter die Suppe rühren. Suppe ohne Kochen erhitzen.

Grundrezepte

Global Player

Eine Hühnerbrühe hilft über viel Kummer hinweg – vor allem über die Sorge, eine schlechte Suppe zu kochen. Deswegen ist sie Basis für die besten Suppen der Welt, gilt sie in Asien wie am Mittelmeer als „die" Brühe. Und auch in Mitteleuropa nimmt sie langsam die Plätze von Rinderbrühe in der bürgerlichen und Kalbsfond in der feinen Küche ein. Dieses ist ein Rezept für alle Ansprüche.

Hühnerbrühe

FÜR 3 L

- **1 Suppenhuhn (etwa 1,5 kg)**
- **1 Zwiebel**
- **1 Knoblauchzehe**
- **2 Bund Suppengrün**
- **4 Zweige frischer Thymian (oder 1 TL getrockneter)**
- **1 Lorbeerblatt**
- **1/4 unbehandelte Zitrone**
- **10 Pfefferkörner**
- **Salz**

TIPP

Lange gut

Frisch gekochte Hühnerbrühe abkühlen lassen. Hält 5 Tage im Kühlschrank, 6 Monate im Tiefkühler.

1 *Huhn 1 Min. in kochendes Wasser tauchen, unter fließendem Wasser abkühlen. Mit 3 l kaltem Wasser aufkochen, Schaum abnehmen.*

2 *Zwiebel und Knoblauch schälen und halbieren. Suppengrün waschen, putzen und in Stücke teilen. Kräuter waschen. Zitrone heiß waschen, abreiben und auspressen.*

3 *Alles samt Pfeffer mit dem Huhn 1 Std. köcheln lassen. Huhn in der Brühe abkühlen lassen. Brühe durch ein Sieb gießen, entfetten, aufkochen und salzen.*

Feine Basis

Ob man nun kein Fleisch mag oder ob die Suppe nur zu fein für Eiweiß satt ist – Gemüsebrühe hilft. Vor allem selbstgemachte, wenn sie genug Aroma abbekommt. Das wird hier durch Anrösten erreicht, das der Brühe auch vom nötigen Fett gibt. Den Rest besorgen Kräuter, Gewürze und Soja.

Gemüsebrühe

FÜR 2 L

- 2 Zwiebeln
- 1 Knoblauchzehe
- 3 Bund Suppengrün
- 1 Tomate
- 1 Bund Petersilie
- 100 g Champignons
- 2 EL Öl
- 10 Pfefferkörner
- 1 Lorbeerblatt
- 2 EL Sojasauce | Salz

TIPP

Frisch und gut

Abgekühlte Gemüsebrühe bleibt 1 Woche im Kühlschrank frisch, 6 Monate im Tiefkühler.

1 *Zwiebeln und Knoblauch schälen, Zwiebeln grob würfeln. Suppengrün waschen, putzen, in 2 cm dicke Stücke schneiden. Tomate und Petersilie waschen, Pilze mit einem Tuch abreiben.*

2 *Zwiebeln im Öl 10 Min. sanft schmoren lassen. Wurzeln und Lauch bei stärkerer Hitze 3–4 Min. mitbraten, bis alles leicht gebräunt ist.*

3 *Mit 2,5 l heißem Wasser aufkochen und mit allen übrigen Zutaten 1 Stunde sanft kochen, dann 30 Min. ziehen lassen. Durchs Sieb gießen, aufkochen und salzen.*

Von Nudeln und Klößchen

Suppennudeln

Für ca. 300 g Nudeln 200 g Mehl, 2 Eier, 1/2 TL Salz und 1/2 TL Öl zu einem glatten Teig verkneten. Teig mit Öl bepinseln und im Tuch 30 Min. ruhen lassen.
Dann den Teig auf einer bemehlten Arbeitsfläche durchkneten und ganz dünn ausrollen. Bemehlen, aufrollen und feine Nudeln herunter schneiden. Nudeln 1–2 Std. trocknen lassen.
Nudeln in Salzwasser in 1–3 Min. (je nach Trockengrad) bissfest garen und in klaren Suppen servieren.

Rarebits

4 Scheiben Toastbrot anrösten. 150 g geriebenen Käse mit 1 Ei und 1 EL Öl zu einer Masse vermengen, diese auf die Toasts streichen. Dann die Toast vierteln und unter dem heißen Grill überbacken, bis sie beginnen, Farbe anzunehmen. In Tassen mit klarer Suppe oder als Garnitur von Rahmsuppen servieren.

Flädle

2 Eier mit 2 Prisen Salz und 5 EL Mehl, dann mit 5 EL Milch, 1 EL gehackter Petersilie glatt rühren. Mit Pfeffer würzen und 15 Min. stehen lassen. Ein kleines Pfännchen mit wenig Öl bepinseln, erhitzen und darin aus dem Teig dünne, goldgelbe Pfannkuchen braten.
Warme Pfannkuchen einrollen, abkühlen lassen. Dann mit dem Messer in dünne Flädle schneiden und in klarer Suppe servieren.

Grießklößchen

50 g weiche Butter schaumig rühren, dann 1 Ei und schließlich 100 g Hartweizengrieß einrühren. Mit Salz, Pfeffer und Muskat würzen und 10 Min. quellen lassen. Aus der Masse mit nassen Teelöffeln Klößchen abstechen. Klößchen auf ein geöltes Blech setzen und 20 Min. kühl stellen.
Danach Klößchen in siedendem Salzwasser 10 Min. ziehen lassen. In klarer Brühe mit Schnittlauchröllchen servieren.

Fleischklößchen

1 Scheibe Toastbrot würfeln und mit 2 EL Milch vermengen. 250 g Schweinemett oder gemischtes Hackfleisch und 1 Eigelb unterkneten, salzen und pfeffern. Aus der Hackmasse mit feuchten Händen haselnussgroße Klößchen formen und 30 Min. kühlen. Danach Klößchen in siedendem Salzwasser 10 Min. gar ziehen lassen. Mit einer Schaumkelle aus dem Wasser nehmen und in klarer Suppe oder Eintöpfen servieren.

Röstschnitten

2 nicht ganz altbackene Brötchen quer in 1 cm dicke Scheiben teilen. 1 Ei mit 100 ml Milch, 1 EL gehackten Kräutern, Salz und Pfeffer verquirlen. Die Brötchenscheiben durch die Eimasse ziehen. 2 EL Butter in zwei Pfannen zerlassen. und die Scheiben darin goldgelb braten. Abkühlen lassen und Scheiben quer in Streifen schneiden und in Brühe oder Rahmsuppe servieren.

Schwemmklößchen

3 Eier mit 80 g Mehl zu einer zähflüssigen Masse glatt rühren und mit Salz, Pfeffer und Muskat abschmecken. Mit einem nassen Teelöffel etwas von der Masse abnehmen und mit der angefeuchteten Fingerspitze direkt in die kochende Brühe streichen. 1-2 Min. leicht kochen lassen und servieren. Schmeckt in würzigen Brühen und in Gemüsesuppen.

Knusperschnitten

Beilage statt Einlage - gut zu klaren und cremigen Suppen:
80 g Quark abtropfen lassen. 80 g kalte Butter in Stücke teilen, mit 80 g Mehl und 1 Prise Salz krümelig verkneten. Quark unterkneten. Teig zu einer Kugel formen und in Folie 2 Std. kühl stellen. Dann den Backofen auf 180 Grad vorheizen. Den Teig auf einer bemehlten Arbeitsfläche dünn ausrollen und in 2 cm breite fingerlange Streifen schneiden. Mit 1 verquirlten Eigelb bestreichen und im Ofen (Umluft 160 °) 20 Min. backen.

Suppe für Gäste

»Fünf sind geladen, zehn sind gekommen? Gieß' Wasser zur Suppe, heiß' alle willkommen.« Schon dieser alte Küchenspruch zeigt es – Suppe ist das perfekte Essen für Gäste. Sie kann belebender Aperitif sein, sie kann ein Menü elegant eröffnen, sie kann alles Gute einer Mahlzeit in sich vereinen, sie kann einer Party kurz vor dem Abschlaffen den neuen Kick geben. Und sie kann eine Menge Leute satt machen. Dabei ist es gut, wenn gleich die Menge stimmt: 1/2 l pro Person wird für eine Mahlzeit gerechnet, 1/4 l fürs Menü oder Buffet – Nachschlag inklusive. Für Aperitifsüppchen reichen 150 ml.

1 *Das perfekte Gästeessen: Suppe lässt sich gut vorbereiten.*

Perfekt vollenden

Was die Suppe noch zum idealen Festessen macht: Sie lässt sich gut vorbereiten. Ob klare Brühe oder feine Püreesuppe, oft muss sie vor dem Servieren nur noch heiß gemacht und vollendet werden. Dabei ist wichtig:

- Gebundene Suppen können beim erneuten Erhitzen etwas Bindung verlieren. Also gleich bei der Zubereitung mit berechnen.
- Kommt Sahne erst zum Schluss an eine Rahmsuppe, schmeckt sie besonders fein.
- Auch wenn Eintöpfe aufgewärmt oft besser schmecken – knackiges Gemüse oder bissfeste Nudeln gibt's nur, wenn die in der Stunde des Servierens dazu kommen.
- In vorgewärmten Tellern oder Tassen bleibt auch die Suppe warm. Stilvoll rustikal: Die Suppe am Tisch aus der Terrine ausschöpfen. Mal was anderes: Suppe in

2 *Zuwenige Teller im Schrank? Suppe schmeckt auch aus Kaffeebechern.*

Kaffeetassen, Teegläsern, Milchbechern servieren.

- Und ist die Suppe einmal vollendet, muss sie auf den Tisch – sonst sehen Garnituren und Einlagen schnell alt aus.

Von Tropfen und Tassen

Zwei Tipps zum Schluss: Wenn Sie die Schöpfkelle nach dem Aufnehmen nochmals kurz mit dem Boden in die Suppe stippen, kommen Sie bestimmt tropffrei zum Teller.
Und: Suppentassen dürfen Sie ganz offiziell in die Hand nehmen, um Reste auszutrinken – dafür sind schließlich die Henkel da.

Was tun, wenn ...

... die Suppe zu dünn ist?

Wie zum Beispiel nach dem Passieren oder durch zu langes Kochen? Hier hilft Mehlbutter: 1 Teil weiche Butter mit 1 Teil Mehl verkneten, in die heiße Suppe quirlen und einmal aufkochen. Schmeckt nur mehlig, wenn es länger kocht.

... die Suppe zu dick ist?

Etwas abnehmen und mit heißer Brühe auffüllen. Abnehmen deshalb, damit nicht alles verdünnt werden muss (passiert beim Erhitzen von selbst). Heiß auffüllen, weil sofort die wahre Konsistenz zu sehen ist. Und mit Brühe auffüllen, weil Wasser verwässert und Sahne auch die Suppe dick macht.

... die Suppe zu stark gewürzt ist?

Eine Prise Zucker mildert Salz und Säure, ein guter Schuss Sahne oder Wasser ebenso. Aber aufpassen, dass so nicht das ganze Aroma verschwindet. Besser ist es, beim Ansetzen daran zu sparen – daher lange kochende Brühen erst zum Schluss salzen.

... die Suppe richtig fad schmeckt?

Würzen, na klar. Aber das muss nicht nur mit Salz sein, oft wirkt etwas Zitrone, 1 Prise Zucker oder frisches Kraut schon geschmacksverstärkend. Jedoch: Manche Gewürze und festere Kräuter brauchen ihre Zeit zur Entfaltung, zartes Grün verliert dagegen schnell an Aroma.

... die Brühe zu trüb geraten ist?

Dann hat sie zu stark gekocht. Gegenmittel: 1 Eiweiß mit 1 Spritzer Zitronensaft verquirlt in 2 l kalte Brühe rühren und erhitzen, bis der Schaum fest zu werden beginnt. 15 Min. ohne Rühren simmern lassen, 15 Min. stehen lassen. Schaum abnehmen, Suppe durch ein Tuch schöpfen.

... die Suppe gerinnt?

Das kann die Reaktion von Milchprodukten oder Ei auf zu viel Säure oder starkes Kochen sein. Dann eine Mehlschwitze zubereiten (Samtsuppen, Seite 5), etwas abgekühlte Suppe unter Rühren dazugießen, 10 Min. leicht kochen lassen und kräftig aufmixen.

... die Suppe angebrannt ist?

Als erstes raus aus dem Topf damit. Sahne, Brühe, Säure, Süße und Würze können einen leichten Brandgeschmack noch verdecken, doch wenn das Ganze arg nach Aschenbecher schmeckt, muss sie weg.

... die Suppe nach nix aussieht?

Ein Klecks Crème fraîche oder Schlagsahne vollendet Püreesuppe, Würzbutter passt ebenfalls, auch zum Eintopf. Pesto oder geträufeltes Olivenöl geben Mediterranem Pfiff, ebenso mit Knoblauch oder Zitrone gewürzte Mayonnaise.

... Suppe übrig ist?

Das kleinste Problem: Suppe kann man immer und überall essen, und wenn sie eine „von gestern" ist, schmeckt sie gleich noch mal so edel.

Bunte Töpfe

So ein Menü kann ja mal mit einem feinen Süppchen beginnen, aber echten Suppenfans ist das für den Anfang doch etwas wenig. Deswegen geht's hier los mit Töpfen voller buntem Gemüse und anderen guten Sachen, so wie es sie bei Muttern am liebsten Samstag mittags gab. Klingt eintönig? Nicht bei unseren Müttern. Denn die kommen aus Hamburg, Hongkong und der Haute Provence, kochen jede Saison was Neues – und immer werden Lieblingssuppen daraus.

Blitzrezepte

Fixer Asiatopf

FÜR 4 PERSONEN

➤ 200 g Shiitake-Pilze | 1 Bund Radieschen mit Grün (400 g) | 150 g Zuckerschoten 2 geräucherte Hähnchenschenkel (Kühltheke, ersatzweise 1/2 gegartes Brathähnchen) | 1 l Hühnerbrühe | 3 EL Sojasauce | 2 EL chinesischer Reiswein (ersatzweise Sherry oder Brühe)

1 | Pilze putzen und in dünne Scheiben schneiden. Radieschen putzen und waschen, Blätter zupfen, Knollen in dünne Scheiben schneiden. Zuckerschoten putzen, waschen und in feine Streifen schneiden. Alles mischen. Hähnchenfleisch häuten.

2 | Übrige Zutaten aufkochen. 4 EL Gemüse abnehmen, den Rest in der Suppe aufkochen. Hähnchen darin 3 Min. neben dem Herd ziehen lassen. Suppe in Schalen verteilen, rohes Gemüse darüber streuen.

Frühlingszwiebelsuppe

FÜR 4 PERSONEN

➤ 8 Frühlingszwiebeln | 1/2 TL Zucker 2 EL Butter | 1/4 l trockener Cidre 1 l Fischfond | 1 Lorbeerblatt 300 g weißes Fischfilet | Salz Cayennepfeffer | 100 g gegarte, gepulte Nordseekrabben

1 | Die Frühlingszwiebeln waschen, putzen, vom dunklen Grün befreien und in Ringe schneiden. Diese mit Zucker in der Butter 3 Min. sanft dünsten. Mit 5 EL Cidre ablöschen und einkochen lassen. Mit übrigem Cidre, Fond und Lorbeerblatt 5 Min. leicht kochen lassen.

2 | Den Fisch in dünne Scheiben schneiden und auf tiefe Teller verteilen. Frühlingszwiebelsuppe mit Salz und Cayenne würzen, Krabben darin erhitzen und die Suppe heiß über den Fisch gießen. Sofort servieren.

mediterran | vegetarisch

Sommersuppe mit Aioli

FÜR 4–6 PERSONEN

- **1 kleiner Blumenkohl**
  400 g grüne Bohnen
  250 g Kirschtomaten
  3 Knoblauchzehen
  1 Briefchen Safran (0,1 g)
  4 Zweige frischer Thymian (ersatzweise 1/2 TL getrockneter)
  Salz
  1 Lorbeerblatt
  1 Bund Basilikum
  Pfeffer
  120 g Mayonnaise

Zubereitungszeit: 45 Min.
- Pro Portion: 185 kcal

1 | Den Blumenkohl putzen, in mundgerechte Röschen teilen und waschen. Die Bohnen waschen, putzen und in 3 cm lange Stücke schneiden. Die Kirschtomaten waschen und vierteln. Knoblauch schälen. Safran in 5 EL warmem Wasser einweichen. Thymian waschen, trockenschütteln und die Blättchen zupfen.

2 | 1,5 l Wasser mit 1/2 TL Salz, Knoblauch, Lorbeerblatt und Thymian aufkochen. Die Bohnen darin 3 Min. kochen, dann den Blumenkohl weitere 8–10 Min. mitkochen, bis das Gemüse bissfest ist. Inzwischen das Basilikum waschen, trockenschütteln und die Blätter grob hacken.

3 | Lorbeer und Knoblauch aus der Suppe fischen, den Knoblauch beiseite legen. Kirschtomaten und Safran samt Einweichflüssigkeit in der Suppe einmal aufkochen. Suppe salzen, pfeffern und vom Herd ziehen. Basilikum einrühren, alles zugedeckt 5 Min. stehen lassen.

4 | Inzwischen den Knoblauch mit einer Gabel zerdrücken und mit der Mayonnaise vermischen. Die Suppe auf tiefe Teller verteilen und je einen großzügigen Klecks Knoblauchmayonnaise hineingeben.

- Beilage: geröstetes Baguette
- Getränk: vorweg ein Anislikör, dazu ein kühler Rosé oder ein junger Rotwein

TIPP

Aioli selbstgemacht

Aioli mit Knoblauch-Mayonnaise zu übersetzen ist wie Pesto eine Basilikumsoße zu nennen: nüchtern. In der Provence ist die mit Olivenöl angerührte Sauce ein Lebenselixier wie der Kaffee am Morgen und der Anis am Nachmittag. Sie wird dort zum Würzen und als Brotaufstrich, Suppeneinlage oder als Hauptmahlzeit mit Gemüse, Stockfisch und Ei genossen – und immer selbstgemacht. So geht's: Je nach Geschmack 3–5 Knoblauchzehen schälen, durch die Presse drücken oder stilgerecht grob hacken und im Mörser mit Salz zerreiben. Knoblauch mit 1 Eigelb und 1 Spritzer Zitronensaft verrühren. Nun mit dem Schneebesen oder Handrührgerät im dünnen Strahl 150–200 ml Öl unterschlagen – bestes Olivenöl für Liebhaber, je zur Hälfte bestes Oliven- und Pflanzenöl für alle, die es nicht ganz so herb wollen. Mit Salz, Zitrone und etwas Cayennepfeffer abschmecken. (Ergibt etwa 200 g Aioli.)

scharf | für Gäste

Roter Eintopf

FÜR 4 PERSONEN

- 100 g weiche Butter
  50 g frisch geriebener Parmesan
  1/2 TL Zitronensaft
  Salz, Pfeffer
  2 rote Zwiebeln
  1/2 frische rote Chilischote (nach Wunsch)
  2 rote Paprikaschoten
  1 EL Paprikapulver edelsüß
  1 Dose geschälte Tomaten (400 g)
  100 ml fruchtiger Rotwein
  1 Prise Zucker

Zubereitung: 40 Min.
- Pro Portion: 305 kcal

1 | 50 g Butter mit Parmesan und Zitronensaft verkneten und mit Salz und Pfeffer würzen. Eine Rolle daraus formen und kühl stellen.

2 | Zwiebeln schälen und würfeln. Chili putzen und entkernen, dann fein hacken. Paprikaschoten waschen, putzen und würfeln.

3 | Zwiebeln und Chili in der restlichen Butter bei schwacher Hitze 10 Min. zugedeckt schmoren. Paprikawürfel mit Paprikapulver 1 Min. mitdünsten, dann mit Tomaten samt Saft, Rotwein und 500 ml Wasser aufkochen.

4 | Eintopf mit Salz, Pfeffer und Zucker würzen und 15–20 Min. kochen, bis die Paprikawürfel weich sind. Alles grob stampfen, auf Teller verteilen und je 1 Scheibe von der Parmesanbutter hinein geben.

- Beilage: Knoblauchbaguette
- Getränke: fruchtiger Rotwein

Klassiker
herzerwärmend

Weißer Eintopf

FÜR 4 PERSONEN

- 1 große Stange Lauch
  2 Kohlrabi
  2 EL Butter
  2 EL Mehl
  1 l kalte Gemüsebrühe
  1/4 l Milch
  Salz, Pfeffer, Muskatnuss
  150 g gegarte weiße Bohnen (aus der Dose)
  50 g Crème fraîche

Zubereitung: 40 Min.
- Pro Portion: 305 kcal

1 | Den Lauch putzen, längs halbieren und waschen. Helles Grün und weißen Teil in Streifen schneiden, beides getrennt beiseite stellen. Kohlrabi schälen, in Spalten teilen und diese in dünne Scheiben schneiden.

2 | Das Weiße vom Lauch 3 Min. zugedeckt in der Butter schwach andünsten. Kohlrabi 1 Min. mitdünsten, dann mit Mehl bestreuen und dies kurz anschwitzen lassen. Von der Gemüsebrühe 5 EL abnehmen, den Rest samt der Milch unter Rühren zum Gemüse gießen. Aufkochen, mit Salz, Pfeffer und Muskat würzen und die Suppe samt den Bohnen 15 Min. garen, bis die Gemüse weich sind.

3 | Inzwischen das Lauchgrün mit der übrigen Gemüsebrühe im kleinen Topf zugedeckt in 10 Min. weich dünsten. Abkühlen lassen und mit der Crème fraîche verrühren.

4 | Den Eintopf abschmecken, auf tiefe Teller verteilen und je einen Klecks Lauchcreme hineinsetzen.

- Beilage: Bauernbrot

◄ *im Bild vorne:* **Roter Eintopf** *im Bild hinten:* **Weißer Eintopf**

Klassiker auf neue Art | preiswert

Herbstsuppe mit Senf

FÜR 4–6 PERSONEN

- **1 Zwiebel**
  1/2 Kopf Wirsing (500 g)
  500 g Möhren
  1 EL getrockneter Majoran
  2 EL Öl | Salz
  2 Äpfel
  1 EL Apfelessig
  200 g Schmand
  3 EL Senf
  500 g Fleischwurst

Zubereitung: 1 Std.

- Pro Portion (bei 6): 420 kcal

1 | Die Zwiebel schälen und fein würfeln. Wirsinghälfte nochmals halbieren, Strunk und dicke Blattrippen herausschneiden. Blätter in Quadrate schneiden, dann im Sieb abspülen, im Sieb waschen. Die Möhren schälen, längs vierteln und in 5 mm dünne Scheibchen schneiden.

2 | Die Zwiebeln mit dem Majoran bei sanfter Hitze 5 Min. im Öl andünsten. Den tropfnassen Wirsing samt Möhren 2 Min. mitdünsten. 2 l Wasser angießen, salzen und das Gemüse in 15–20 Min. gut bissfest kochen.

3 | Inzwischen die Äpfel samt Schale vierteln, entkernen, in dünne Scheiben schneiden und mit dem Essig vermischen. Den Schmand mit dem Senf verrühren und auf den Tisch stellen.

4 | Die Äpfel samt Essig einmal in der Suppe aufkochen, die Fleischwurst dazugeben. Alles zugedeckt 15 Min. neben dem Herd ziehen lassen. Die Wurst pellen, in 4–6 Stücke teilen und auf Teller verteilen. Die Herbstsuppe abschmecken und heiß auf die Teller verteilen, am Tisch mit einem Klecks Senfschmand vollenden.

- Beilage: dunkles Bauernbrot
- Getränke: Cidre

1 **Wirsing teilen**
Den halben Kopf in zwei Viertel teilen

2 **Wirsing putzen**
Strunk und dicke Blattrippen rausschneiden

3 **Streifen schneiden**
Die Viertel längs in Streifen schneiden

4 **Fein schneiden**
Streifen quer in Quadrate schneiden, im Sieb waschen

kinderleicht
herzerwärmend

Plockfinkensuppe

FÜR 4–6 PERSONEN

- **1 Bund Petersilie**
  1/2 unbehandelte Zitrone
  1 Lorbeerblatt
  1 EL Zucker
  1 Stück Zimtstange (2 cm)
  400 g durchwachsener Räucherspeck
  600 g Möhren
  3 EL Butter
  3 EL Mehl, Salz

Zubereitung: 1 Std.
- Pro Portion (bei 6): 500 kcal

1 | Die Petersilie waschen, trockenschütteln. Blätter fein hacken, Stängel beiseite legen. Zitrone heiß waschen, die Schale zur Hälfte dünn abreiben, den Saft auspressen.

2 | Petersilienstängel und Zitronenschale mit Lorbeer, Zucker und Zimtstange in 1,2 l Wasser aufkochen. Den Speck darin 20 Min. leicht kochen. Speck herausnehmen, den Sud durch ein feines Sieb in einen Topf gießen. Beides beiseite stellen.

3 | Möhren schälen, würfeln und in der Butter 5 Min. sanft braten. Mehl darüber streuen und 1 Min. unter Rühren anschwitzen. Den Specksud dazugießen und die Möhren darin in 10–15 Min. bissfest kochen.

4 | Speck ohne Schwarte würfeln. Mit der Petersilie und dem Zitronensaft in die fertige Suppe rühren, nochmals ohne Kochen erhitzen und servieren.

- Einlage: Schwemmklößchen (Seite 8/9)
- Getränke: Pils

aus Schottland
für Festtage

Wintersuppe mit Pflaumen

Cook-a-leekie

FÜR 4–6 PERSONEN

- **800 g Suppenfleisch vom Rind**
  800 g Lauch
  1 küchenfertiges Hähnchen (1,2 kg)
  Salz, Pfeffer
  16 Backpflaumen

Zubereitung: 30 Min.
Garzeit: 3 1/2 Std.
- Pro Portion (bei 6): 350 kcal

1 | Suppenfleisch mit 3 l kaltem Wasser langsam zum Kochen bringen. Schaum abschöpfen und das Fleisch 2 1/2 Std. lang sanft sieden lassen, bis es kernig ist, aber noch nicht ganz weich.

2 | Lauch putzen. Die Hälfte der Stangen der Länge nach halbieren, waschen und mit Küchengarn zu einem Bündel schnüren. Restlichen Lauch in Ringe schneiden und im Sieb gründlich abspülen.

3 | Nach den 2 1/2 Std. Garzeit Lauchbündel und Hähnchen zur Brühe geben. Falls nötig Wasser dazugießen. Suppe weitere 45 Min. sieden lassen, neben dem Herd 20 Min. ziehen lassen.

4 | Rindfleisch und Hähnchen aus der Suppe fischen, Fleisch häuten und in mundgerechte Stücke schneiden. Suppe salzen und pfeffern. Lauchringe darin in 1 Min. bissfest kochen, dann Fleisch und Pflaumen darin sanft erhitzen. Wintersuppe aus großen Schalen genießen.

- Beilage: Sauerteigbrot
- Getränke: Whisky danach

◄ *im Bild vorne:* **Plockfinkensuppe** *im Bild hinten:* **Wintersuppe mit Pflaumen**

Volle Löffel

Jetzt geht's zur Sache, Süppchen. Weil nun kommen all die Dinge auf den Löffel, die eine Suppe hübsch reich und ihre Genießer schön satt machen: Nudeln und Reis, Linsen und Bohnen, Kartoffeln und Brot. Und weil da noch jede Menge frische Gartenkräuter, duftende Gewürze und belebende Essenzen dabei sind, hat das Eintopfeinerlei keine Chance mehr.

Blitzrezepte

Marokkanische Frühstückssuppe

FÜR 4 PERSONEN

➤ 1 Knoblauchzehe | 1 Chilischote | 1 Bund Petersilie | 2 TL gemahlener Kreuzkümmel | Salz | 1 l Hühnerbrühe | 1 Dose Kichererbsen (400 g) | 100 g Fladenbrot | 2 EL Kapern | 4 ganz frische Eier

1 | Knoblauch schälen, Chilischote putzen und entkernen, beides hacken. Petersilie waschen und die Blätter zupfen. Knoblauch, Chilis, Kreuzkümmel und 1 Prise Salz in der Brühe aufkochen. Kichererbsen abgießen und 10 Min. mitkochen.

2 | Brot in Scheiben schneiden und unter dem Grill oder in trockener Pfanne anrösten. Zerteilen und mit Petersilie und Kapern auf Suppenschalen verteilen, je 1 Ei darüber schlagen. Heiße Suppe dazugießen.

Polentasuppe

FÜR 4 PERSONEN

➤ 4 Scheiben Parmaschinken | 2 EL Butter
1 Knoblauchzehe | 50 g Polentagrieß
1,5 l Hühnerbrühe | Salz, Pfeffer
1 Toastbrot | 70 g frisch geriebener Parmesan | 2 ganz frische Eier

1 | Schinken in 1 cm breite Streifen schneiden, im Topf in Butter anbraten und herausnehmen. Knoblauch schälen, würfeln und im Bratfett glasig braten. Grieß 1 Min. mitrösten. Brühe bis auf 5 EL einrühren, salzen, pfeffern und 10 Min. kochen.

2 | Toast zwischen den Händen zerbröseln und mit 50 g Parmesan, Eiern und übriger Brühe mischen. Mit dem Schneebesen in die leicht kochende Suppe rühren. Aufkochen. Auf Teller verteilen und mit Schinken und übrigem Parmesan garnieren.

asiatisch | herzerwärmend

Chicken Noodle Soup

FÜR 4 PERSONEN

- **1 küchenfertiges Hähnchen (1,2 kg)**
  3 Knoblauchzehen
  1 Stück frischer Ingwer (walnussgroß)
  6 Frühlingszwiebeln
  1/4 l Sojasauce
  1/4 l Reiswein (ersatzweise Sherry medium oder Traubensaft)
  1 Zimtstange (4 cm)
  50 g Zucker
  4 Eier
  250 g dünne chinesische Weizennudeln (ersatzweise Linguine)
  Salz

Zubereitung: 1 Stunde
Abkühlzeit: 2 Std.
- Pro Portion: 650 kcal

1 | Das Hähnchen innen und außen kalt abspülen und trocken tupfen. Knoblauch und Ingwer schälen und in dünne Scheiben schneiden. Frühlingszwiebeln waschen und putzen. Das dunkle Grün in Stücke schneiden, die helleren Teile schräg in feine Ringe schneiden und zugedeckt kühl stellen.

2 | Einen Topf nehmen, in den das Hähnchen gerade eben hinein passt. Darin 1,5 l Wasser, Sojasauce und Reiswein mit Ingwer, Zimt, Knoblauch, Zwiebelgrün und Zucker aufkochen und alles 20 Min. sanft leicht kochen lassen. Dann Hähnchen mit Brust nach oben hineinsetzen und 20 Min. sanft mitkochen lassen. Hähnchen drehen und noch 5 Min. leicht kochen lassen. Dann den Topf abdecken und neben dem Herd 2 Std. abkühlen lassen. Inzwischen die Eier in 8 Min. hart kochen.

3 | Das abgekühlte Hähnchen zerteilen und die Haut abziehen, das Fleisch von den Knochen lösen und würfeln. Brühe durch ein feines Sieb gießen. Die Nudeln in Salzwasser nach Packungsaufschrift garen, abgießen und mit kaltem Wasser abschrecken. Eier pellen und in Scheiben schneiden.

4 | Die Brühe nochmals aufkochen, dann Nudeln und Hähnchenfleisch darin ohne Kochen erhitzen. Die Suppe auf große Schalen verteilen und am Tisch mit den Zwiebelringen und den Eierscheiben vollenden.

- Getränke: grüner Tee

TIPP

Die zarte Kraft des Huhns

Diese typisch asiatische Nudelsuppe stärkt fürs härteste Leben – dank ihrer sanften Zubereitung. Dabei ist wichtig, dass das Huhn nur leise köchelt und erst beim Abkühlen richtig gar zieht. Ebenso wichtig: das Fleisch beim letzten Erhitzen nicht mehr kochen, weil sonst wird es zäh – und das schwächt!

mediterran | für Gäste

Bohnensuppe

FÜR 4 PERSONEN

- **150 g getrocknete weiße Bohnen**
- **2 Knoblauchzehen**
- **6 Sardellen**
- **100 g getrocknete Tomaten in Öl**
- **1 Lorbeerblatt**
- **Salz | Pfeffer**
- **150 g kurze Makkaroni**
- **50 g Pesto**

Zubereitung: 30 Min.
Einweichzeit: 12 Std.
Garzeit: 1 1/2 Std.
Pro Portion: 380 kcal

1 | Die Bohnen 12 Std. in kaltem Wasser einweichen. Knoblauch schälen und würfeln. Sardellen kalt abspülen und hacken. Tomaten abtropfen lassen, in Streifen schneiden, das Öl auffangen.

2 | 4 EL Tomatenöl in einem Topf erhitzen. Knoblauch und Sardellen darin bei schwacher Hitze 3 Min. dünsten. Mit 1,5 l Wasser auffüllen. Bohnen abgießen und mit dem Lorbeerblatt im Knoblauch-Sardellen-Wasser in 1 1/4 – 1 1/2 Std. bissfest kochen.

3 | Bohnensuppe salzen, pfeffern, falls nötig noch etwas Wasser angießen. Suppe aufkochen. Makkaroni dazugeben, in 8–10 Min. bissfest kochen. Tomaten einrühren. Suppe neben dem Herd noch 3 Min. ziehen lassen und mit je 1 Klecks Pesto pro Teller servieren.

- Beilage: geröstetes Oliven- oder Ciabatta-Brot
- Getränke: roter italienischer Landwein

preiswert
herzerwärmend

Graupentopf

FÜR 4 PERSONEN

- **2 Stangen Lauch**
- **1/2 TL Kümmelsamen**
- **4 EL Butterschmalz**
- **knapp 2 l Rinder- oder Gemüsebrühe**
- **200 g Perlgraupen**
- **1 Scheibe Toastbrot**
- **250 g Schweinemett**
- **1 Eigelb**
- **2 EL gehackte Petersilie**
- **Salz | Pfeffer**

Zubereitung: 35 Min.
Garzeit: 40 Min.
Pro Portion: 605 kcal

1 | Für die Suppe den Lauch putzen, dabei das dunkle Grün entfernen. Stange längs halbieren, waschen und quer in Streifen schneiden. Grüne Streifen beiseite legen, helle mit dem Kümmel in 1 EL Schmalz 1 Min. dünsten. Mit 1,75 l Brühe aufgießen, die Graupen darin in 30–40 Min. weich kochen. Falls nötig noch Brühe dazugießen.

2 | Für die Klößchen das Toastbrot hacken und mit Mett, Eigelb, Petersilie und 5 EL Brühe vermengen. Masse salzen und pfeffern und daraus mit nassen Händen 2 cm große Bällchen formen. Übriges Schmalz in einer Pfanne erhitzen, Bällchen darin 5 Min. rundherum braten, herausnehmen. Dann grüne Lauchstreifen darin 3 Min. braten.

3 | Die Graupensuppe mit Salz und Pfeffer abschmecken, Klößchen und Lauch einrühren und neben dem Herd noch 5 Min. ziehen lassen.

- Beilage: Kümmelbrot
- Getränke: helles Bier

orientalisch | Klassiker

Linsen und Lamm

FÜR 4 PERSONEN

- **400 g Lammfleisch (Keule)**
- **1 Zwiebel**
- **2 gelbe Paprikaschoten**
- **8 EL Olivenöl**
- **2 EL Garam masala (indische Gewürzmischung, ersatzweise Currypulver)**
- **1 Dose gewürfelte Tomaten (400 g)**
- **150 g rote Linsen**
- **1 Bund Minze | 1 Zitrone**
- **50 g Bulgur**
- **Salz | Pfeffer**

Zubereitung: 1 Std.

Pro Portion: 505 kcal

1 | Das Lammfleisch in 2 cm große Würfel schneiden. Zwiebel schälen und würfeln. Paprika waschen, putzen, entkernen und würfeln.

2 | Zwiebel im Öl bei schwacher Hitze zugedeckt 10 Min. schmoren lassen. Dann Fleisch und Paprika bei starker Hitze 2–3 Min. mitbraten, Garam masala kurz mitgaren, mit Tomaten und 1 l Wasser ablöschen. Linsen darin in 15–20 Min. weich kochen.

3 | Die Minze waschen, Blättchen hacken. Zitrone auspressen, Saft mit Minze und Bulgur mischen, 15 Min. stehen lassen, dann in den Linseneintopf rühren. Alles aufkochen, mit Salz und Pfeffer würzen und neben dem Herd noch 5 Min. ziehen lassen.

- Beilage: Fladenbrot
- Getränke: Joghurt gemixt mit Mineralwasser

crossover | für Gourmets

Linsen-Orangen-Suppe

FÜR 4 PERSONEN

- **250 g braune Linsen**
- **8 unbehandelte Orangen**
- **1 Knoblauchzehe**
- **1/2 TL Fenchelsamen**
- **4 EL Olivenöl**
- **150 ml trockener Weißwein**
- **500 ml Fischfond (aus dem Glas)**
- **1 Lorbeerblatt**
- **1 Bund Basilikum**
- **300 g weißes Fischfilet**
- **Salz | Pfeffer**

Zubereitung: 40 Min.

Einweichzeit: 4 Std.

Garzeit: 40 Min.

Pro Portion: 700 kcal

1 | Linsen im Sieb abspülen. 2 Orangen beiseite legen, die übrigen auspressen – es sollte 1/2 l Saft ergeben. Linsen 4 Std. darin einweichen.

2 | Übrige Orangen heiß abwaschen, trocknen und die Schale dünn abreiben. Restliche Schale samt weißer Haut abschneiden. Die Filets mit einem spitzen Messer zwischen den Häuten herauslösen. Dabei Saft auffangen. Aus den Orangenresten Saft pressen.

3 | Knoblauch schälen, würfeln und mit Fenchel in 1 EL Öl anbraten, mit Wein ablöschen. Linsen samt Saft, Fond, 1/4 l Wasser, Orangenschale und Lorbeer dazugeben, in 30–40 Min. bissfest kochen. Basilikum waschen und trockenschütteln, Blätter grob hacken.

4 | Fisch in 3 cm breite Streifen teilen, salzen und pfeffern. Streifen im übrigen Öl auf jeder Seite 1 Min. braten und in Suppenteller geben. Basilikum, Orangenfilets und restlichen Saft in die Suppe rühren. Suppe salzen, pfeffern und über den Fisch gießen.

herzerwärmend | kinderleicht

Gute alte Kartoffelsuppe

FÜR 4–6 PERSONEN

- **2 Bund Suppengrün**
- **250 g durchwachsener Speck**
- **1 kg vorwiegend festkochende Kartoffeln**
- **1 EL Öl**
- **1/2 TL Kümmelsamen**
- **1 TL getrockneter Majoran**
- **1,5 l Rinder- oder Gemüsebrühe**
- **Salz | Pfeffer | Muskatnuss**
- **100 g Kräuterbutter**

Zubereitung: 50 Min.

➤ Pro Portion (bei 6): 500 kcal

1 | Das Suppengrün waschen und putzen bzw. schälen. Wurzelgemüse in 1 cm große Würfel, Lauch in entsprechende Stücke schneiden. Den Speck von der Schwarte befreien und fein würfeln. Die Kartoffeln waschen, schälen und wie das Suppengrün würfeln.

2 | Speck in einem großen Topf im Öl knusprig braten, herausnehmen und beiseite stellen. Klein geschnittenes Suppengrün mit Kümmel und Majoran im Speckfett 5 Min. andünsten, Brühe und Kartoffeln dazugeben und alles mit der Speckschwarte in 15–20 Min. fast weich kochen.

3 | Die Speckschwarte entfernen, die Hälfte der Suppe in einen zweiten Topf schöpfen und dort stampfen. Gestampfte Suppe zurück in den anderen Topf geben und alles mit Salz, Pfeffer und Muskat würzen.

4 | Die Kräuterbutter in 4–6 Portionen schneiden, die Suppe nochmals erhitzen und in tiefe Suppenteller verteilen. Je ein Stück Kräuterbutter hineingeben und die gute alte Kartoffelsuppe sofort servieren.

➤ Beilage: Bauernbrot

➤ Getränke: helles Bier

TIPP

Savoyer Kartoffelsuppe

Einfach Eintopf? Nicht mit Frankreichs Hausfrauen! Die haben eine so raffinierte wie sättigende Version der Kartoffelsuppe entwickelt, die sich Potage Garbure nennt und eine Art klare Brühe mit überbackenen Gemüsebroten drin ist. Wird auch mit Kohl oder Wirsing gemacht, aber in Savoyen kommen vor allem Kartoffeln rein. Für sechs Leute Kartoffelsuppe wie oben kochen und in ein Sieb gießen. Die Brühe heiß halten, das Gemüse gut zerstampfen und auf 6 Scheiben frischgeröstetes und gebuttertes Bauernbrot streichen. Darauf 150 g geriebenen Käse (z. B. Gruyère oder Raclette) streuen und die Brote so lange auf oberster Schiene in den 250 Grad heißen Ofen schieben, bis der Käse zerläuft. Dann in tiefe Teller setzen und die Suppe drumherum gießen – Bon appetit!

Klassiker | belebend

Griechische Reissuppe

Avgolemono

FÜR 4 PERSONEN

- **1 unbehandelte Zitrone**
- **3 Knoblauchzehen**
- **1 l Hühnerbrühe**
- **1 Lorbeerblatt**
- **80 g Reis**
- **250 g kleine Zucchini**
- **2 Eier**
- **2 TL gehackter Dill**
- **Salz | Pfeffer**

Zubereitung: 45 Min.
Pro Portion: 570 kcal

1 | Die Zitrone abwaschen, trocknen und die Schale dünn abreiben, den Saft auspressen. Den Knoblauch schälen und halbieren. Die Brühe mit Zitronenschale, Knoblauch und Lorbeer aufkochen. Den Reis darin in 15 Min. bissfest kochen.

2 | Die Zucchini waschen und im Ganzen weitere 5 Min. in der Suppe mitgaren. Inzwischen die Eier mit Zitronensaft, Dill und 2 EL Suppe schaumig schlagen.

3 | Gegarte Zucchini aus der Suppe nehmen. Den Eierschaum neben dem Herd nach und nach reinrühren. Suppe salzen, pfeffern und 2 Min. stehen lassen, inzwischen Zucchini in Scheiben schneiden, auf vorgewärmte Suppenteller verteilen. Reissuppe darüber schöpfen und servieren.

exotisch | für Gäste

Karibische Kartoffelsuppe

FÜR 4 PERSONEN

- **400 g weißes Fischfilet (z. B. Kabeljau)**
- **2 Limetten**
- **150 g durchwachsener Räucherspeck in Scheiben**
- **2 Zwiebeln**
- **3 Stangen Staudensellerie**
- **250 g Kirschtomaten**
- **400 g Süßkartoffeln (ersatzweise mehlig kochende Kartoffeln)**
- **5 Zweige frischer Thymian**
- **1 kleine Zimtstange (3 cm)**
- **800 ml Fischfond**
- **Salz**

Zubereitung: 50 Min.
Marinierzeit: 1 Std.
Pro Portion: 870 kcal

1 | Den Fisch in 2 cm große Stücke teilen. Die Limetten auspressen. Fisch mit Saft vermischen und 1 Std. im Kühlschrank marinieren.

2 | Speckscheiben in Streifen schneiden. Die Zwiebeln schälen, vierteln und in Streifen schneiden. Den Staudensellerie waschen und putzen. Etwas Grün beiseite legen, Stangen in dünne Scheiben schneiden. Die Kirschtomaten waschen, putzen und halbieren. Die Kartoffeln schälen und in Scheiben schneiden. Thymian waschen und mit der Zimtstange zusammenbinden.

3 | Speck in einem weiten Topf langsam ausbraten und herausnehmen. Zwiebeln im Speckfett glasig braten. Mit Fond ablöschen, Staudensellerie, Süßkartoffeln und den Thymian samt Zimt darin 10 Min. leicht kochen lassen. Tomaten weitere 5 Min. kochen. Selleriegrün hacken.

4 | Suppe vom Herd ziehen, Fisch samt Marinade, Selleriegrün und Speck darin 5 Min. zugedeckt ziehen lassen. Thymian und Zimt entfernen und die Suppe servieren.

im Bild vorne: Griechische Reissuppe *im Bild hinten:* Karibische Kartoffelsuppe

Klassiker | kalt serviert

Weiße Gazpacho

FÜR 4 PERSONEN

- **200 g helles Sauerteigbrot oder schweres Weißbrot**
  300 ml Milch
  1 Knoblauchzehe
  100 g kernlose weiße Trauben
  100 g gemahlene Mandeln
  100 ml bestes Olivenöl
  50 ml Sonnenblumenöl
  2 EL Sherry-Essig
  1/2 l Mineralwasser (am besten nur leicht sprudelnd)
  Salz

Zubereitung: 35 Min.
Kühlzeit: 1 Std.
Pro Portion: 625 kcal

1 | Das Brot entrinden, würfeln und zur Hälfte in der Milch einweichen. Den Knoblauch schälen und hacken, die Trauben waschen, putzen und halbieren.

2 | Eingeweichtes Brot samt Milch, Knoblauch und Mandeln im Mixer oder in der Küchenmaschine pürieren, dann nach und nach das Oliven- und Sonnenblumenöl untermixen, bis eine cremige Masse entstanden ist. Essig und Wasser einrühren, Gazpacho salzen und 1 Std. zugedeckt in den Kühlschrank stellen. Falls nötig etwas Wasser dazugeben.

3 | Restliche Brotwürfel trocken anrösten. Weiße Gazpacho auf Schalen oder Gläser verteilen, mit Trauben und Brotwürfeln garnieren.

- Getränke: vorweg ein trockener Sherry

crossover | scharf

Tortilla-Suppe

FÜR 4–6 PERSONEN

- **250 g Weizen-Tortillas (6 weiche mexikanische Teigfladen, im Supermarkt in der Exotenecke)**
  2 Knoblauchzehen
  2 weiße Zwiebeln
  1 rote Chilischote
  1 Bund Koriandergrün
  8 EL Öl
  2 EL Tomatenmark
  1,5 l Gemüse- oder Hühnerbrühe, Salz
  1 Avocado
  150 g geriebener kräftiger Käse (z. B. Cheddar)

Zubereitung: 50 Min.
Pro Portion (bei 6): 495 kcal

1 | Die Hälfte der Tortillas grob hacken. Knoblauch und Zwiebeln schälen und würfeln. Chilischote putzen, entkernen und hacken. Koriandergrün waschen, trockenschütteln und die Blätter hacken.

2 | Zwiebeln, Knoblauch, Chili und die Hälfte des Korianders in 2 EL Öl 3 Min. dünsten. Gehackte Tortillas und das Tomatenmark 1 Min. mitbraten. Mit Brühe aufgießen, salzen und alles 15 Min. leicht kochen lassen. Suppe pürieren und durch ein Sieb streichen.

3 | Avocado schälen, entsteinen und würfeln. Restliche Tortillas vierteln und portionsweise braten. Dazu jeweils 2 EL Öl in einer Pfanne erhitzen und darin je 4 Tortilla-Viertel auf jeder Seite 1/2 Min. braten, so dass sie knusprig aufgehen. Suppe erhitzen, auf Teller verteilen und mit Avocadowürfeln, geriebenem Käse und übrigem Koriandergrün garnieren. Mit knusprigen Tortillas servieren.

- Getränke: Tex-Mex-Bier

im Bild vorne: **Weiße Gazpacho** *im Bild hinten:* **Tortilla-Suppe**

Feine Teller

Achtung, jetzt wird's ein bisschen feiner! Sie können aber trotzdem locker bleiben, weil damit sind erst mal die Suppen gemeint: Tiefe Teller mit dampfendem Inhalt, der mal fein cremig, mal fein samtig, manchmal aber auch nur fein püriert ist. Solche Suppen schmecken nach mehr, weswegen sie ein guter Start ins Menü sind. Womit es nun auch für Sie ein bisschen feiner werden könnte. Also Achtung bitte!

Blitzrezepte

Carrot Shot

FÜR 4 PERSONEN

➤ **100 g Tofu | 1 TL Sojasauce | 4 Frühlingszwiebeln | 3 EL Butter | 3 EL Currypulver | 750 ml Möhrensaft | 100 ml Orangensaft | Salz | schwarzer Pfeffer**

1 | Tofu würfeln, mit Sojasauce mischen, beiseite stellen. Frühlingszwiebeln waschen, putzen und das dunkle Grün entfernen. 1 Zwiebel längs halbieren und vier der äußeren Teile beiseite legen. Restliche Frühlingszwiebeln quer in Streifen schneiden und in 2 EL Butter 5 Min. dünsten.

2 | In einem zweiten Topf Curry in restlicher Butter 1 Min. dünsten. Mit Saft ablöschen, aufkochen, salzen, schaumig mixen und in dickwandige Bechergläser füllen. Tofu und Zwiebelstreifen dazugeben, „Zwiebelhalme“ hineinstecken und mit Pfeffer übermahlen.

Schnittlauchsüppchen

FÜR 4 PERSONEN

➤ **4 Bund Schnittlauch | 3 Eigelb | 100 g Sahne | 100 g Räucherlachs | 600 ml Fischfond | 50 ml Weißwein | 200 g Crème fraîche | Salz | weißer Pfeffer**

1 | Schnittlauch waschen und trockenschütteln. 2 Bund grob hacken. Restlichen Schnittlauch in feine Röllchen schneiden und mit Eigelben und Sahne verquirlen. Lachs in Streifen schneiden.

2 | Fischfond, Wein und Crème fraîche aufkochen und vom Herd ziehen. Grob gehackten Schnittlauch einrühren und 5 Min. ziehen lassen. Suppe durch ein Sieb gießen, 1/2 Tasse davon mit der Eiersahne mischen und in die Suppe rühren. Mit Salz und Pfeffer würzen und Suppe nochmals ohne zu kochen erhitzen. Lachs zugeben.

für Festtage | belebend

Klassische Spargelcremesuppe

FÜR 4 PERSONEN

- 250 g weißer Spargel
  Salz
  1 Prise Zucker
  3 EL Butter
  2 EL Mehl
  100 ml trockener Weißwein
  3 Spritzer Worcester-Sauce
  1 EL Zitronensaft
  Cayennepfeffer
  200 g Sahne

Zubereitung: 1 Std.
- Pro Portion: 290 kcal

1 | Den Spargel waschen, putzen und schälen. Die Spitzen abschneiden und je nach Größe längs halbieren oder vierteln und beiseite legen. Die Spargelschalen in 750 ml Wasser mit 1 TL Salz und dem Zucker aufkochen und 15 Min. bei schwacher Hitze zugedeckt ziehen lassen. Den Schalensud durch ein Sieb in eine Schüssel gießen.

2 | Restlichen Spargel in dünne Scheiben schneiden und in 2 EL Butter 5 Min. andünsten. Mehl darüber streuen und unter Rühren hellgelb anschwitzen. Wein und Schalensud unter Rühren dazugießen und 10 Min. kochen lassen.

3 | Die Suppe durch ein Sieb gießen und dabei die Spargelstücke gut ausdrücken. Suppe mit Salz, 1 kleinen Prise Cayennepfeffer, einigen Tropfen Worcester-Sauce und Zitronensaft abschmecken. Sahne steif schlagen.

4 | Die Spargelspitzen in 1 EL Butter in 6–8 Min. bissfest braten und in vorgewärmte Suppenteller verteilen. Inzwischen Spargelsuppe erhitzen und mit dem Schneebesen oder Stabmixer aufschlagen. Schlagsahne unterziehen und Spargelcremesuppe in den Tellern verteilen. Suppe sofort servieren.

TIPPS

Schaumschlägereien

- Beim Aufgießen der Mehlschwitze darf der Sud nicht zu heiß sein, weil die Suppe sonst schnell kocht und Klümpchen entstehen können. Trick für Eilige: Mehlschwitze kalt werden lassen, dann geht`s auch mit heißem Sud, wenn Sie beim Aufgießen fix mit dem Schneebesen rühren. Oder einfach Wein und die Hälfte des Suds mischen, unter Rühren aufgießen, dann den Rest dazugießen. Und immer 10 Min. kochen lassen – dann schmeckt`s garantiert nicht mehlig.
- Durch das Aufschlagen der Suppe und die geschlagene Sahne wird die Suppe schön schaumig. Feiner Trick: Zum Schluss einen kleinen (!) Schluck Sekt in die Suppe geben – schäumt besonders edel.
- Streifen von gekochtem Schinken oder gebeiztem Lachs, ein paar Toastwürfel und ein wenig Kerbel oder Estragon als Einlage machen die Suppe ein wenig reicher.

vegetarisch

Grüne Fenchelsuppe

FÜR 4 PERSONEN

- 250 g pürierter TK-Blattspinat
- 800 g Fenchel
- 1 Zwiebel
- 2 Knoblauchzehen
- 2 EL Sultaninen
- 1 EL getrockneter Oregano
- 6 El Olivenöl
- 1,25 l Gemüsebrühe
- Salz | Pfeffer
- 50 g Parmesan am Stück

Zubereitung: 1 Std.
Auftauzeit: 1 Std.
Pro Portion: 320 kcal

1 | Den Blattspinat auftauen lassen. Fenchel waschen, putzen und vierteln. Den Strunk jeweils herausschneiden und die Viertel würfeln. Zwiebel und Knoblauch schälen und würfeln. Sultaninen abspülen.

2 | Fenchel, Zwiebel und Knoblauch mit dem Oregano in 2 EL Olivenöl 5 Min. andünsten. Mit der Gemüsebrühe aufgießen und den Fenchel in 15–20 Min. weich kochen.

3 | Den Spinat weitere 5 Min. mitkochen und die Suppe mit Salz und Pfeffer würzen. Etwas abkühlen lassen und im Mixer, in der Küchenmaschine oder mit dem Pürierstab pürieren.

4 | Die Suppe mit den Sultaninen aufkochen und auf Teller verteilen. Mit restlichem Olivenöl beträufeln. Den Parmesan darüber hobeln.

- Beilage: Ciabatta-Brot
- Getränke: trockener Weißwein

Klassiker auf neue Art
preiswert

Wurzelsupp'

FÜR 4 PERSONEN

- 1 Stange Lauch
- 3 Petersilienwurzeln
- 3 Möhren
- 100 g Kartoffeln
- 3 EL Butter
- 1 l Gemüsebrühe
- Salz | Pfeffer | Muskatnuss
- 1 Bund Petersilie
- 500 ml Buttermilch

Zubereitung: 1 1/4 Std.
Pro Portion: 200 kcal

1 | Den Lauch putzen und dabei vom dunklen Grün befreien. Stangen längs halbieren, waschen und in breite Streifen schneiden. Die Petersilienwurzeln, Möhren und Kartoffeln schälen und würfeln.

2 | Den Lauch 5 Min. in 2 EL Butter andünsten. Petersilienwurzeln und Möhren 1 Min. mitdünsten, dann Kartoffeln und Gemüsebrühe dazugeben. Suppe mit Salz, Pfeffer und Muskat würzen und 30 Min. kochen, bis das Gemüse weich ist. Inzwischen Petersilie waschen, trockenschütteln und die Blätter hacken.

3 | Die fertige Suppe stampfen, durch ein Sieb streichen und mit der Buttermilch erhitzen. Mit Salz und Pfeffer abschmecken. Petersilie in der restlichen Butter einmal aufschäumen lassen und in die Suppe rühren.

- Beilage: geröstetes Roggenbrot
- Getränke: helles Bier, Buttermilch

im Bild vorne: Grüne Fenchelsuppe im Bild hinten: Wurzelsupp'

mediterran | kinderleicht

Ofentomaten-suppe

FÜR 4 PERSONEN

- **1,5 kg reife Eiertomaten**
- **4 Knoblauchzehen**
- **1 Bund Basilikum**
- **100 ml Olivenöl**
- **2 kleine Scheiben italienisches Weißbrot**
- **400 ml Gemüsebrühe**
- **Salz | Pfeffer**
- **1 Prise Zucker**
- **50 g Parmesan am Stück**

Zubereitung: 25 Min.
Garzeit: 1 Std.
➤ Pro Portion: 310 kcal

1 | Die Tomaten waschen, von Stielansätzen befreien und halbieren. Knoblauch schälen und vierteln. Basilikum waschen und trockenschütteln, Blätter hacken, Stängel beiseite legen.

2 | Den Ofen auf 180° vorheizen. Tomaten in einer weiten Form mit 70 ml Öl und Knoblauch mischen und samt den Basilikumstängeln 1 Std. im heißen Ofen (Mitte, Umluft 160°) garen. Dann die Basilikumstängel entfernen und wegwerfen.

3 | Brot würfeln und mit den Tomaten samt Garflüssigkeit und Gemüsebrühe im Topf aufkochen. Alles pürieren, durch ein grobes Sieb streichen und erhitzen. Suppe mit gehacktem Basilikum verrühren und mit Salz, Pfeffer und Zucker abschmecken. Mit übrigem Öl beträufeln. Parmesan darüber hobeln.

➤ Beilage: geröstetes italienisches Weißbrot

➤ Getränke: ein kräftiger italienischer Rotwein

Klassiker
herzerwärmend

Tomaten-cremesuppe

FÜR 4 PERSONEN

- **50 g fetter durchwachsener Räucherspeck**
- **1 Zwiebel**
- **1 kleine Möhre**
- **1 Wacholderbeere**
- **1 EL Mehl**
- **1/2 l Fleisch- oder Gemüsebrühe**
- **1 große Dose geschälte Tomaten (800 g)**
- **Salz | Pfeffer | Zucker**
- **1 Bund Schnittlauch**
- **100 g Sahne**

Zubereitung: 40 Min.
➤ Pro Portion: 240 kcal

1 | Den Speck würfeln. Die Zwiebel und Möhre schälen und ebenso würfeln. Wacholderbeere mit einem schweren Topf zerdrücken.

2 | Speck bei mittlerer Hitze im Topf auslassen und herausnehmen. Zwiebel, Möhre und Wacholderbeere im Fett 5 Min. andünsten, dann das Mehl darin anschwitzen. Brühe unter Rühren dazugießen, Tomaten samt Saft einrühren und mit Salz, Pfeffer und Zucker würzen. Suppe 15 Min. kochen lassen, pürieren und durch ein Sieb streichen.

3 | Den Schnittlauch waschen, trockenschütteln und in Röllchen schneiden. Sahne steif schlagen. Die Tomatensuppe erhitzen, Schnittlauch und Speck einrühren. Suppe in Tassen oder Tellern mit einem Klecks Schlagsahne servieren.

➤ Beilage: Toastbrot

◄ *im Bild vorne:* Ofentomatensuppe *im Bild hinten:* Tomatencremesuppe

exotisch | vegetarisch

Kürbissuppe mit Ingwer

FÜR 4 PERSONEN

- **1 Stück Muskatkürbis (500 g)**
- **1 kleine Zwiebel**
- **1 kleine mehligkochende Kartoffel**
- **2 Stück Ingwer (jeweils walnussgroß)**
- **1 Dose ungesüßte Kokosmilch (400 g)**
- **2 TL rote Currypaste (ersatzweise 2 EL Currypulver)**
- **400 ml Gemüsebrühe**
- **Salz**
- **2 EL ungeschälte Kürbiskerne**
- **50 ml Öl**

Zubereitung: 50 Min.
➤ Pro Portion: 180 kcal

1 | Den Kürbis entkernen und das Fruchtfleisch von der Schale lösen, dann in Würfel schneiden. Die Zwiebel schälen und fein würfeln, die Kartoffel schälen und wie den Kürbis würfeln. Die Ingwerstücke schälen und jeweils längs in Scheiben schneiden. Die Hälfte der Scheiben ganz belassen, die übrigen in Streifen schneiden.

2 | Die Dose mit der Kokosmilch vorsichtig öffnen, 1 EL vom dicken Rahm abnehmen und beiseite stellen, den übrigen Rahm in einem großen Topf erhitzen. Zwiebeln, Ingwerstreifen und Currypaste einrühren und 5 Min. sanft schmoren lassen. Kürbiswürfel 1–2 Min. mitdünsten.

3 | Restliche Kokosmilch aus der Dose, Gemüsebrühe und Kartoffel dazugeben und alles leicht salzen. Gemüse in 20 Min. weich kochen, dann stampfen oder pürieren und nach Belieben durch ein Sieb streichen.

4 | Die Kürbiskerne in einer trockenen Pfanne anrösten. Öl in einem kleinen Topf erhitzen. Die Ingwerscheiben darin in 1–2 Min. knusprig braten. Kürbissuppe erhitzen, auf Schalen oder Teller verteilen und mit Kokosrahm, Kürbiskernen und Ingwerscheiben garnieren.

TIPPS

Für runden Genuss

- Muskatkürbis hat einen intensiven, fein-säuerlichen Geschmack. Sie können aber auch eine andere Kürbissorte verwenden, z. B. Hokkaido oder Butternut. Beide schmecken ebenfalls besonders aromatisch.
- Kokosmilch und Currypaste bekommen Sie im Asienladen und auch in der Exotenabteilung gut sortierter Supermärkte. Achten Sie darauf, dass die Kokosmilch nicht gesüßt ist und keine Konservierungsstoffe enthält (Zutatenliste!)
- Für besonders knusprige Ingwerscheiben gut 1/2 l Öl auf 180 ° erhitzen, Ingwerscheiben darin 1 Min. frittieren, dann auf Küchenkrepp abfetten lassen.

herzerwärmend
preiswert

Auberginensuppe mit Feta

FÜR 4 PERSONEN

- 1 kg Auberginen
- 2 Knoblauchzehen
- 1 weiße Zwiebel
- 1 großes Bund Petersilie
- 4 Sardellen
- 200 g Feta-Würfel in Öl (aus dem Glas)
- 3/4 l Hühnerbrühe
- Salz | Pfeffer

Zubereitung: 1 1/4 Std.

Pro Portion: 540 kcal

1 | Den Ofen auf 180° vorheizen. Auberginen waschen und mit den ungeschälten Knoblauchzehen im heißen Ofen (Mitte, Umluft 160°) in 30–40 Min. weich garen. Etwas abkühlen lassen.

2 | Inzwischen die Zwiebel schälen und fein würfeln. Die Petersilie waschen, trockenschütteln und Blätter grob hacken. Sardellen kurz abspülen und hacken. Gegarte Auberginen längs halbieren und das Fruchtfleisch mit einem Löffel herauskratzen, Knoblauch aus der Schale drücken.

3 | Vom Feta 2 EL Öl abnehmen, das im Topf sanft erhitzen. Zwiebel und Sardellen darin 5 Min. andünsten. Auberginenfleisch und Knoblauch kurz mitdünsten, mit Brühe aufgießen, dann salzen und pfeffern. Alles 15 Min. kochen lassen.

4 | Den Feta abtropfen lassen und mit Petersilie vermischen. Die gegarte Suppe mit der Hälfte der Feta-Mischung pürieren und erhitzen. Suppe auf Teller verteilen und mit restlichen Feta-Würfeln bestreuen.

- Beilage: geröstetes Weißbrot
- Getränke: kräftiger trockener Rotwein

für Gourmets
gut vorzubereiten

Selleriesuppe

FÜR 4 PERSONEN

- 500 g Knollensellerie mit Grün
- 1 Zwiebel
- 150 g Gorgonzola
- 3 EL Butter
- 1,2 l Kalbsfond (aus dem Glas)
- Salz | Pfeffer
- 100 g Toastbrot | 200 g Sahne

Zubereitung: 1 Std.

Pro Portion: 715 kcal

1 | Den Sellerie putzen, waschen, schälen und würfeln. Eine Hand voll zarte Blätter abzupfen und gründlich waschen. Zwiebel schälen und fein würfeln. Den Käse würfeln.

2 | Zwiebel in der Butter bei schwacher Hitze 5 Min. dünsten, Sellerie weitere 5 Min. mitdünsten. Mit Kalbsfond ablöschen, mit Salz und Pfeffer würzen. Den Sellerie in 15–20 Min. bissfest kochen.

3 | Das Brot entrinden, würfeln und weitere 5 Min. mit dem Sellerie kochen, bis dieser weich ist. Ein Viertel der Suppe abnehmen und mit dem Selleriegrün aufkochen. In der übrigen Suppe die Sahne erhitzen und 100 g Gorgonzola darin auflösen. Beide Suppen pürieren.

4 | Suppen erhitzen. Weiße Selleriesuppe auf Teller verteilen, die grüne jeweils in die Mitte schöpfen. Suppen mit einer Gabel dekorativ verziehen und mit dem übrigen Gorgonzola bestreuen.

- Einlage: Weißbrotcrôutons

◄ *im Bild vorne:* Selleriesuppe *im Bild hinten:* Auberginensuppe mit Feta

Klassiker auf neue Art | gut vorzubereiten

Walisische Maiscremesuppe

Corn Chowder

FÜR 4 PERSONEN

- 4 frische Maiskolben
- 1 Zwiebel
- 4 dünne Scheiben Frühstücksspeck (Bacon)
- 2 EL Butter
- Salz | 1 Lorbeerblatt
- 1 Bund Schnittlauch
- 50 g Sahne
- 150 g gegarte und geschälte Tiefseegarnelen
- 1 EL scharfer Senf

Zubereitung: 1 1/4 Std.

Pro Portion: 540 kcal

1 | Maiskolben putzen (siehe unten) und waschen. Körner von den Kolben herunterschneiden. Die Zwiebel schälen und fein würfeln.

2 | Den Speck im großen Topf in der Butter bei schwacher Hitze knusprig braten. Herausnehmen und abkühlen lassen. Zwiebeln im Fett 5 Min. andünsten, dann die Maiskörner 5 Min. mitdünsten. Alles mit 1 l Wasser auffüllen, salzen und mit dem Lorbeerblatt 30–40 Min. kochen lassen, bis der Mais weich ist.

3 | Schnittlauch waschen, trockenschütteln und in Röllchen schneiden. Lorbeer aus der Suppe nehmen, Suppe pürieren und durch ein Sieb streichen. Speck in Streifen schneiden.

4 | Die Suppe mit der Sahne verrühren und aufkochen. Schnittlauch, Garnelen und Senf einrühren und die Suppe 2 Min. zugedeckt neben dem Herd ziehen lassen. Auf Teller verteilen und mit den Speckstreifen garnieren.

- Beilage: Toastbrot
- Getränke: englisches Bier

1 **Mais enthüllen**

Die Blätter zurückschlagen und die Fäden abstreifen

2 **Blätter entfernen**

Dann den Stielansatz samt Blättern abbrechen

3 **Körner ablösen**

Körner mit dem Messer am Kolben entlang herunterschneiden

Klare Tassen

Weil wirklich gute Dinge ihre Zeit brauchen, kommen sie hier zum Schluss – die Essenzen aus der weiten Welt der Suppenküche, lauter klare Destillate voller gereiftem Aroma. Was jetzt nicht heißt, dass Sie dafür stundenlang am Herd stehen müssen. Weil entweder kochen sich klare Suppen fast von selbst – oder der Weg zu ihnen ist so klar, dass er einem wie ein Spaziergang vorkommt. Gute Reise!

Blitzrezepte

Knoblauchwasser

FÜR 4 PERSONEN

➤ **10 Knoblauchzehen | 2 Blätter Salbei | 1 Gewürznelke | 5 weiße Pfefferkörner | Salz | 3 EL Olivenöl | 4 Scheiben Baguette | 4 EL geriebener Käse**

1 | Die Knoblauchzehen schälen, Salbeiblätter waschen. Beides samt Gewürzen, 1 TL Salz und 1 EL Öl in 1 l Wasser 10–12 Min. leicht kochen und dann 5 Min. ziehen lassen.

2 | Inzwischen die Baguettescheiben unter dem Grill oder in einer Pfanne auf beiden Seiten anrösten und dann mit Käse bestreuen. Die Suppe durch ein Sieb gießen, erhitzen und in weite Schalen geben. Die Käsebrote hineinsetzen und mit übrigem Öl beträufeln.

Miso-Suppe

FÜR 4 PERSONEN

➤ **200 g nicht zu fester Tofu | 1 Frühlingszwiebel | 1 l Dashi (japanischer Fond aus Trockenfisch und Algen, gibt's zum Anrühren im Asien-Laden) | 70 g helle Miso-Paste (Sojabohnenpaste aus dem Asien-Laden)**

1 | Tofu in 1 cm große Würfel schneiden. Frühlingszwiebel waschen, putzen und in sehr dünne Ringe schneiden.

2 | Dashi nach Packungsaufschrift aufkochen und vom Herd ziehen. Sieb in die heiße Flüssigkeit halten, Miso-Paste mit einem Holzlöffel durch das Sieb in die Suppe rühren. Suppe fast zum Kochen bringen, vom Herd ziehen und Tofu samt Frühlingszwiebeln darin 5 Min. ziehen lassen. Suppe in Schalen schöpfen und langsam trinken.

asiatisch | herzerwärmend

Scharfe Garnelensuppe

FÜR 4 PERSONEN

- **8 große Tiefseegarnelen mit Schale, frisch oder tiefgekühlt**
- **2 Stängel Zitronengras**
- **1 Stück frischer Ingwer (walnussgroß)**
- **2 rote Chilischoten**
- **1 Bund Koriandergrün**
- **5 El asiatische Fischsauce (ersatzweise Sojasauce)**
- **1 l Hühnerbrühe**
- **3 EL Speisestärke**
- **3 EL Reis- oder Sherry-Essig**

Zubereitung: 40 Min.
Abkühlzeit: 1 1/2 Std.
Pro Portion: 590 kcal

1 | Tiefgekühlte Garnelen auftauen. Garnelen schälen, am Rücken einschneiden, Darmstrang mit einem spitzen Messer entfernen. Garnelen waschen und längs halbieren. Schalen ebenfalls waschen.

2 | Zitronengras waschen und mit einem Topf oder Fleischklopfer flachklopfen. Ingwer schälen und in dünne Scheiben schneiden. Chilis waschen, längs halbieren und die Kerne entfernen. Koriander waschen, trockenschütteln und die Blätter abzupfen. Die Stängel beiseite legen.

3 | Garnelenschalen, Zitronengras, Ingwer, Chilis und Korianderstängel mit der Fischsauce in der Brühe aufkochen und 15 Min. leicht kochen lassen. Vom Herd ziehen, völlig abkühlen lassen und durch ein Sieb gießen.

4 | Die Suppe erhitzen. Stärke und Essig verquirlen, in die heiße Suppe rühren und diese aufkochen. Garnelen und Koriander dazugeben. Suppe 2 Min. ziehen lassen und in Schalen servieren.

- Einlagen: Glasnudeln
- Getränke: grüner Tee vorweg

TIPPS

Klassisch, asiatisch, scharf

- Dies ist die moderate Abwandlung einer klassischen Asia-Suppe. Wenn Sie sich stark genug fürs verschärfte Original fühlen, verdoppeln Sie die Chilis und lassen Sie die Kerne drin. Dann braucht's allerdings noch 2–3 TL Zucker zur Balance. Und viel, viel Ausdauer.
- Gehaltvoller, wenn auch trüber wird die Suppe, wenn Sie zum Schluss noch 2 verquirlte Eigelbe zusätzlich in die leicht kochende Flüssigkeit rühren.

Klassiker
gut vorzubereiten

Kraftbrühe mit Schnittlauch

FÜR 8 PERSONEN

- **600 g Rinderknochen (keine Markknochen)**
- **1 großes Bund Suppengrün (200 g)**
- **1/2 Zwiebel**
- **800 g Suppenfleisch vom Rind**
- **1 Hähnchenschenkel**
- **5 Pfefferkörner**
- **1 Bund Schnittlauch**
- **Salz**

Zubereitung: 1/2 Std.
Garzeit: 4 Std.
Pro Portion: 75 kcal

1 | Die Rinderknochen 1 Min. in kochendes Wasser legen, dann kalt abspülen. Mit 3 l Wasser in einen Topf geben, langsam aufkochen und 2 Std. leicht kochen lassen. Schaum dabei abschöpfen.

2 | Suppengrün waschen und putzen bzw. schälen. Zwiebel ungeschält waschen, den Anschnitt in einer trockenen Pfanne dunkel rösten. Suppenfleisch, Hähnchenschenkel, Zwiebel, Pfeffer und Suppengrün zu den Knochen geben und in 1 1/2–2 Std. weich kochen.

3 | Fleisch, Knochen und Gemüse aus der Suppe nehmen. Diese durch ein mit einem Tuch ausgelegtes Sieb schöpfen und entfetten. Schnittlauch waschen, trockenschütteln und in Röllchen schneiden. Suppe salzen, aufkochen und mit dem Schnittlauch in Tassen servieren.

Beilage: Blätterteiggebäck

mediterran | für Festtage

Kirschtomatentee

FÜR 4 PERSONEN

- **1,25 kg Kirschtomaten**
- **2 Schalotten**
- **1 Bund Estragon**
- **1/4 TL schwarze Pfefferkörner**
- **Salz**
- **2 EL Sherry medium (ersatzweise Wasser)**
- **1 TL Zucker**
- **100 g weißes Fischfilet**

Zubereitung: 35 Min.
Marinierzeit: 4 Std.
Ruhezeit: 12 Std.
Pro Portion: 40 kcal

1 | Die Tomaten waschen, 100 g beiseite legen. Übrige Tomaten halbieren, größere würfeln. Schalotten schälen und würfeln. Estragon waschen, trockenschütteln, 1 Zweig beiseite legen. Übrige Blätter zupfen. Pfefferkörner zerdrücken.

2 | 1/2 l Wasser 5 Min. mit 1 EL Salz und den Schalotten kochen, mit Tomatenhälften, Estragonblättern, Pfeffer, Sherry und Zucker vermischen. 4 Std. in der Küche ziehen lassen.

3 | Ein feines Sieb über eine tiefe Schüssel hängen und die Tomaten hineinschütten. Dies mit einem Teller und Topf voll Wasser beschweren und 12 Std. im Kühlschrank abtropfen lassen.

4 | Restliche Tomaten putzen und in Spalten schneiden. Fisch in dünne Scheiben schneiden. Restliche Estragonblätter zupfen. Tomatentee erhitzen und über Tomaten, Fisch und Estragon in vorgewärmte Tassen gießen. Sofort servieren.

Beilage: Toast

im Bild vorne: **Kirschtomatentee** *im Bild hinten:* **Kraftbrühe mit Schnittlauch**

asiatisch | vegetarisch

Maissuppe

FÜR 4 PERSONEN

- **3 frische Maiskolben (750 g)**
- **4 Frühlingszwiebeln**
- **1 Stück Ingwer (walnussgroß)**
- **1 EL Öl**
- **1,25 l Gemüsebrühe**
- **2 EL chinesischer Reiswein (ersatzweise milder Sherry oder Wasser)**
- **1 TL Zucker**
- **4 EL Sojasauce**
- **1–2 TL Sesamöl (ersatzweise geröstete Sesamsamen)**

Zubereitung: 45 Min.
➤ Pro Portion: 330 kcal

1 | Den Mais von Schalen und Fäden befreien und waschen. Körner von den Kolben herunterschneiden (siehe Seite 49). Frühlingszwiebeln waschen und putzen, dabei vom dunklen Grün befreien. In dünne Scheiben schneiden und davon 4 EL beiseite stellen. Ingwer schälen und fein reiben.

2 | Frühlingszwiebeln und Ingwer bei starker Hitze 1 Min. im Öl unter Rühren anbraten. Mais kurz mitbraten.

3 | Brühe angießen und aufkochen. Reiswein, Zucker und Sojasauce dazugeben und Mais in 20–30 Min. bissfest kochen. Maissuppe in Schalen füllen, mit restlichen Frühlingszwiebeln bestreuen und mit Sesamöl beträufeln.

➤ Einlage: Nudeln

preiswert | für Gäste

Französische Zwiebelsuppe

FÜR 4 PERSONEN

➤ **Für die Suppe:**
- **750 g Zwiebeln**
- **50 g Butter**
- **1 TL Zucker**
- **1 Msp. Cayennepfeffer**
- **1/4 l trockener Weißwein (ersatzweise Rinderbrühe)**
- **1 EL Mehl**
- **1,2 l Rinderbrühe**
- **Salz**

➤ **Für die Brote:**
- **250 g Baguette in Scheiben**
- **80 g geriebener Gruyère**
- **40 g frisch geriebener Parmesan**
- **1–2 TL Dijon-Senf**

Zubereitung: 1 1/4 Std.
➤ Pro Portion: 500 kcal

1 | Zwiebeln schälen und in dünne Ringe schneiden. Im weiten Topf die Butter zerlassen. Zwiebeln darin bei mittlerer Hitze 10 Min. zugedeckt schmoren. Mit Zucker und Cayennepfeffer bestreuen, bei schwacher Hitze 20 Min. unter Rühren offen schmoren, bis die Zwiebeln goldbraun sind.

2 | Zwiebeln mit 1/8 l Wein ablöschen, diesen einkochen lassen. Mehl darin 2 Min. anschwitzen. Mit Brühe und übrigem Wein auffüllen, 30 Min. leicht kochen lassen.

3 | Für die Brote Baguettescheiben unter dem Grill oder in einer Pfanne auf beiden Seiten anrösten. Gruyère, Parmesan und Senf vermengen und auf die Brote streichen. Brote unter den Grill schieben, bis der Käse zerläuft. Heiße Suppe auf Schalen verteilen, Brote hineinsetzen und servieren.

TIPP

Französische Zwiebelsuppe wird klassisch mit Rinderbrühe zubereitet. Wer die nicht mag, kann zur Not auch Gemüsebrühe nehmen.

◄ *im Bild vorne:* **Maissuppe** *im Bild hinten:* **Französische Zwiebelsuppe**

crossover | für Gourmets

Lachs im Sud

FÜR 4 PERSONEN

- 1 Stück Ingwer (walnussgroß)
- 3 Frühlingszwiebeln
- 1 l Hühnerbrühe
- 50 ml asiatische Fischsauce (ersatzweise Sojasauce)
- 1/8 l chinesischer Reiswein (ersatzweise milder Sherry oder Brühe)
- 1 EL Zucker
- 1 Sternanis (ersatzweise 1/4 TL Anissamen)
- 1 Gurke
- 400 g Lachsfilet
- Salz
- 1 EL Öl
- 2 EL süße Chilisauce

Zubereitungszeit: 30 Min.
Garzeit: 1 Std.
- Pro Portion: 820 kcal

1 | Den Ingwer schälen und in dünne Scheiben schneiden. Frühlingszwiebeln waschen, putzen und in Stücke schneiden. Beides mit Brühe, Fischsauce, Reiswein, Zucker und Anis 1 Std. bei schwacher Hitze zugedeckt leicht kochen lassen, dann durch ein feines Sieb gießen.

2 | Inzwischen die Gurke schälen, längs halbieren und mit einem Löffel die Kerne herausstreichen. Gurkenhälften schräg in lange dünne Scheiben schneiden. Den Lachs in 4 Stücke schneiden.

3 | Gewürzsud abschmecken und erhitzen. Lachs salzen, im heißen Öl in einer Pfanne auf jeder Seite 2 Min. braten und zwischen zwei Tellern warm halten. Im Bratsatz die Gurken mit 5 EL Gewürzsud und der Chilisauce 2–3 Min. andünsten, salzen. Gurken auf vorgewärmte Suppenteller häufen. So viel Gewürzsud angießen, dass die Gurken gerade bedeckt sind. Lachs darauf setzen und servieren.

- Beilage: kalte Soba-Nudeln (japanische Buchweizennudeln)
- Getränke: grüner Tee

TIPPS

Eintopf asiatisch

- Zum Abschluss eine moderne asiatische Version des Eintopfs. Der intensive Sud ist hier eher eine begleitende Sauce als tellerfüllende Suppe – schwimmen darf da nämlich nichts.
- Die typischen Zutaten bekommen Sie im Asienladen oder in der Exotenabteilung gut sortierter Supermärkte. Wenn Sie Fischsauce dort nicht finden, können Sie ersatzweise auch Sojasauce nehmen. Chinesischer Reiswein lässt sich gut durch milden Sherry ersetzen. Wenn Sie den japanischen Reiswein Mirin verwenden, sollten Sie eventuell den Zucker reduzieren. Denn Mirin schmeckt sehr süß.

Der Autor

Sebastian Dickhaut lebt als Journalist und Buchautor bei München. Nachdem er sich sieben gastronomische Jahre lang von der klassischen zur exklusiven Suppenküche vorgekocht hatte, wandte er sich dem Schreiben zu – Thema Essen. Dabei erweiterte er seinen Suppenschatz sowohl beim Kochen für die junge Familie als auch beim Leben in Wien und Sydney. Von dort zurückgekehrt verfasste er dieses Lieblingsbuch. Der Autor ist Mitbegründer der Bestseller-Reihe »Basic cooking« und hat außerdem für GU die Ratgeber Aufläufe und Kartoffeln verfasst.

Der Fotograf

Kai Mewes ist selbstständiger Food-Fotograf in München und arbeitet für Verlage und Werbung. Sein Studio mit Versuchsküche befindet sich in der Nähe des Viktualienmarkts. Die stimmungsvollen Bilder sind Ausdruck seiner Hingabe, Fotografie und kulinarischen Genuss zu vereinen. Das Foodstyling gestaltete Akos Neuberger.

Hinweis

Die Temperaturstufen bei Gasherden variieren von Hersteller zu Hersteller. Welche Stufe Ihres Herdes der jeweils angegebenen Temperatur entspricht, entnehmen Sie bitte der Gebrauchsanweisung.

Bildnachweis

FoodPhotographie Eising, Martina Görlach: Titelfoto
Stockfood: S. 4 oben, 10 oben
Alle anderen: Kai Mewes, München

© 2002 Gräfe und Unzer Verlag GmbH, München

Alle Rechte vorbehalten. Nachdruck, auch auszugsweise, sowie Verbreitung durch Film, Funk, Fernsehen und Internet durch fotomechanische Wiedergabe, Tonträger und Datenverarbeitungssysteme jeglicher Art nur mit schriftlicher Genehmigung des Verlages.

Redaktionsleitung:
Birgit Rademacker
Redaktion:
Stefanie Poziombka
Lektorat:
Susanne Bodensteiner
Layout, Typografie und Umschlaggestaltung:
Independent Medien Design, München
Herstellung:
Maike Harmeier
Reproduktion und Druck:
Appl, Wemding
Bindung: Sellier, Freising

ISBN 3-7742-4887-7

Auflage	5.	4.	3.	2.	1.
Jahr	2006	05	04	03	02

Das Original mit Garantie

Ihre Meinung ist uns wichtig. Deshalb möchten wir Ihre Kritik, gerne aber auch Ihr Lob erfahren. Um als führender Ratgeberverlag für Sie noch besser zu werden. Darum: Schreiben Sie uns! Wir freuen uns auf Ihre Post und wünschen Ihnen viel Spaß mit Ihrem GU-Ratgeber.

Unsere Garantie: Sollte ein GU-Ratgeber einmal einen Fehler enthalten, schicken Sie uns das Buch mit einem kleinen Hinweis und der Quittung innerhalb von sechs Monaten nach dem Kauf zurück. Wir tauschen Ihnen den GU-Ratgeber gegen einen anderen zum gleichen oder ähnlichen Thema um.

Ihr Gräfe und Unzer Verlag
Redaktion Kochen
Postfach 86 03 25
81630 München
Fax: 089/41981-113
e-mail: leserservice@graefe-und-unzer.de

GU KÜCHENRATGEBER

ISBN 3-7742-4888-5

ISBN 3-7742-4908-3

ISBN 3-7742-4898-2

ISBN 3-7742-4883-4

ISBN 3-7742-4892-3

ISBN 3-7742-4889-3

Das macht die GU Küchenratgeber zu etwas Besonderem:

- *Rezepte mit maximal 10 Hauptzutaten*
- *Blitzrezepte in jedem Kapitel*
- *alle Rezepte getestet*
- *Geling-Garantie durch die 10 GU-Erfolgstipps*

GU

Gutgemacht. Gutgelaunt.

Geling-Garantie für Suppen

RICHTIGES WERKZEUG

- Zwei Töpfe braucht der Suppenkoch: einen mit ca. 5 l Platz für Brühen und Fonds, einen mit ca. 3 l für die Suppe selbst. Perfekt: noch ein 1 l Exemplar für Einlagen usw.
- Standard fürs Vollenden: feines Sieb zum Passieren (Luxus: Passiertuch für klare Suppen), Schöpfkelle, Kartoffelstampfer zum Zerkleinern, Schneebesen zum Glattrühren, Pürierstab (Luxus: Stabmixer).

AROMA DURCH DÜNSTEN

- Viele Suppen gewinnen an Aroma, wenn ihr Gemüse zu Beginn angedünstet wird.
- Ein Ansatz mit Zwiebeln (evtl. auch mit Kräutern oder Gewürzen) in Öl oder Butter gibt den Grundton, dann kommt das Gemüse je nach Garzeit dazu.
- Ausnahmen: Stärkehaltiges wie Kartoffeln (kleben), Wässriges wie Tomaten (lassen alles kochen statt dünsten).

GRÜNE KRÄUTER

- Feste Kräuter wie Majoran, Oregano, Rosmarin, Salbei oder Thymian brauchen frisch wie getrocknet 10–15 Minuten für die Entfaltung ihres Aromas.
- Zarte Kräuter wie Basilikum, Dill, Petersilie oder Schnittlauch trocken und grob hacken, am Ende in die heiße Suppe rühren.

HARMONIE SUCHEN

- Suppenkünstler schmecken öfters in den Topf hinein, um ein Gefühl für die richtige Verbindung zu bekommen.
- Mit diesem Wissen lässt sich schon am Anfang der endgültige Geschmack erahnen und dann entsprechend steuern – denn nur eine „runde Suppe" kann wirklich beseelen.